Theo von Taane

Notizbuch

# Aufblühen

*Eigentum von:*

---

*Bibliografische Information der Deutschen Nationalbibliothek:*
*Die Deutsche Nationalbibliothek verzeichnet diese Publikation in der Deutschen Nationalbibliografie; detaillierte bibliografische Daten sind im Internet über http://dnb.dnb.de abrufbar.*

*© 2015 Theo von Taane; 1. Auflage*

*Herstellung und Verlag: BoD – Books on Demand, Norderstedt*

*ISBN: 9783739222158*

Weitere Motiv Notizbücher von Theo von Taane

| Titel | ISBN |
| --- | --- |
| Weltbeste Tennisspielerin | 9783738610055 |
| Weltbester Angler | 9783738610062 |
| Weltbester Bauarbeiter | 9783738610079 |
| Weltbester Eishockeyspieler | 9783738610086 |
| Weltbester Gärtner | 9783738610093 |
| Weltbester Golfer | 9783738610109 |
| Weltbester Jäger | 9783738610116 |
| Weltbester Judokämpfer | 9783738610123 |
| Weltbester Karatekämpfer | 9783738610130 |
| Weltbester Kraftsportler | 9783738610147 |
| Weltbester Läufer | 9783738610154 |
| Weltbester Radfahrer | 9783738610161 |
| Weltbester Inline Skater | 9783738610178 |
| Weltbester Skifahrer | 9783738610185 |
| Weltbester Snowboarder | 9783738610192 |
| Weltbester Sportler | 9783738610208 |
| Weltbester Surfer | 9783738610215 |
| Weltbester Taucher | 9783738610222 |
| Weltbester Tennisspieler | 9783738610239 |
| Weltbester Volleyballer | 9783738610246 |
| Weltbester Wassersportler | 9783738610253 |

…weitere Titel verfügbar und aktuell in Vorbereitung

Von Theo von Taane gibt es auch viele Witzebücher, Spiele, Kalender etc.
Einfach mal im Store nach ‚von Taane' suchen.

Viel Spaß!